HOMELIE VIII.
POUR LE ONZIÉME DIMANCHE D'APRÉS LA PENTECÔTE,

SUR LA GUERISON DU SOURD ET MUET.

Par M. le Curé de S. Sulpice.

A PARIS,

Chez RAYMOND MAZIERES, ruë S. Jacques, prés la ruë du Plâtre, à la Providence.

M. DCCVI.

TEXTE

DU

SAINT EVANGILE

SELON SAINT MARC.

EN ce temps-là , Jesus quittant les quar-
tiers de Tyr , s'en vint par Sidon à
la mer de Galilée , paſſant au milieu des
confins de Decapolis. On luy amena un ſourd
& muet , & on le pria de luy impoſer les
mains. Jeſus le tirant à l'écart hors de la preſſe,
mit les doigts dans ſes oreilles ; & ayant cra-
ché luy mit de la ſalive ſur la langue, puis le-
vant les yeux au Ciel , il jetta un ſoupir , &
luy dit : Ephpheta , qui ſignifie , ouvrez-vous.
Auſſi-toſt ſes oreilles furent ouvertes , & le lien
qui arrêtoit ſa langue fut ôté, & il parloit bien,
Jeſus leur défendit d'en rien dire ; mais plus il
le leur défendoit , plus ils le publioient , &

O o ij

4

plus ils étoient en admiration, difant, ah qu'il a
bien fait toutes chofes ! Il a fait oüir les fourds,
& parler les muets. *Marc chap.* 7. *v.* 31.

HOMELIE HUITIÉME

SUR

LE SOURD ET MUET.

IMANCHE dernier nous vîmes le por-trait d'un orgueilleux : aujourd'huy nous allons voir celuy d'un impie : les vices ont leur ordre aussi-bien que les vertus, & il est naturel que l'impieté soit une suite de la superbe. Le Sage nous avertit que l'apostasie est le premier fruit de l'orgueil : *initium superbiæ hominis est apostatare à Deo.* A peine le premier Ange & le premier homme, se furent-ils complus en leur beauté, à peine eurent-ils conçû de l'estime d'eux-mesmes, qu'ils crurent pouvoir devenir égaux au Seigneur. Le genre humain se laissa d'abord corrompre à la sensualité, & peu de temps aprés sa création, toute chair avoit déja corrompu sa voye : ensuite l'orgueil s'empara de son cœur, ce ne fut que Heros, que demy-Dieux, qu'ou-

O o iij

vrages éternels : enfin l'idolatrie couvrit presque toute la terre. Ce qui arriva dans la dépravation du monde entier , arrive tous les jours dans la dépravation de chaque homme en particulier : sensuel dans sa jeunesse : orgueilleux dans l'âge viril : impie en sa vieillesse. La Theologie confirme cette experience : car si l'humilité est comme la baze, ou le roc sur lequel on doit poser la foy , laquelle est la premiere pierre de tout l'édifice spirituel ; il est évident que sans l'humilité tout cet édifice élevé sur le sable mouvant, s'en ira par terre : de là sont venus tous les heresiarques ; grands genies à la verité, mais superbes , & par consequent foibles, qui n'ayant pû soûtenir le poids de toutes les veritez de la Religion, ont tâché de décharger la raison , tantost d'un article , & tantost d'un autre : ce qui n'a pas empêché que leur ouvrage n'ait esté renversé avec eux, & qu'une maison ne soit tombée l'une sur l'autre, faute d'un fondement solide, ainsi que le Fils de Dieu a prédit devoir arriver au royaume de satan. Il en est de mesme des vices charnels, qui détruisent aussi la foy, quoyque d'une maniere differente : c'est une maxime de l'Ecriture , que le vin & la luxure jettent les plus sages dans l'apostasie. Les Israëlites dans le desert aprés s'être livrez à l'intemperance adorerent le veau d'or : Salomon corrompu par les femmes , éleva des Temples aux idoles : saint Paul dit que le Dieu des avares , est l'argent ; que celui des sensuels, est le ventre ; & que ceux qui courent aprés les richesses , ne manquent pas d'errer dans la foy : *Quam quidam appetentes erraverunt à fide.* En effet on est tout surpris que de

jeunes gens fans lecture, fans étude, fans reflexion,
au milieu de leurs débauches, deviennent tout d'un
coup impies : qu'ont-ils vû de nouveau ? qu'ont ils
appris qu'ils ne fçeuffent pas, pour fe determiner fi
legerement dans l'affaire du monde la plus ferieufe,
& la plus importante, & qui demanderoit le plus
d'examen, & d'application ? point d'autre raifon que
le libertinage : le cœur gâté a bien-toft gâté l'efprit :
& quoique dans l'ordre naturel les actes de l'entendement précedent toûjours ceux de la volonté : il arrive neanmoins icy fouvent que la volonté par l'empire
qu'elle a fur les autres puiffances de l'homme, deter-
mine l'entendement à penfer toûjours à des objections
contre la foy, & prefque jamais aux motifs qui l'au-
torifent : & qu'ainfi l'homme femblable à un Juge pré-
venu & intereffé, n'entendant fans ceffe qu'une partie,
& prefque point l'autre, fe laiffe enfin gagner, malgré
fes lumieres & les fecrets remords de fa confcience.
Le defir que le libertin auroit, que ce que la foy propofe ne fût pas vray, l'emporte par deffus la convi-
ction interieure qu'il a, que ce qu'on croit n'eft que
trop feur : c'eft ainfi que la volonté entraine l'entendement, & que le charme des plaifirs prefens,
efface la foy des biens à venir : écoutons les raifonnemens des anciens impies, ainfi qu'ils font rappor-
tez dans l'Ecriture, & connoiffons en eux l'efprit des
impies d'aujourd'huy. Employons, difent-ils, le moment prefent de notre vie à fatisfaire nos fens dans
toutes fortes de voluptez : goûtons tout ce que les
creatures ont de douceur & d'attraits : & hâtons-nous
de joüir de tous les plaifirs que la jeuneffe nous peut

offrir : *venite ergo, fruamur bonis quæ funt , & utamur creatura tanquam in juventute celeriter.* Couronnons-nous la tefte de rofes avant qu'elles fe flétriffent; que dans les plus grandes prairies la moindre fleur n'échape pas à notre volupté ; & que notre fenfualité n'ait non plus de bornes pour les moindres objets qui la peuvent fatisfaire, que pour les plus grands : *coronemus nos rofis antequam marcefcant, nullum pratum fit quod non pertranfeat luxuria noftra.* Que les vins les plus delicats, & les viandes les plus exquifes, foient fervis à notre table , & que la magnificence le difpute à la delicateffe & à la volupté : que les fenteurs & les parfums ne donnent pas moins de plaifir à l'odorat, que les viandes au goût : faifons en forte par notre induftrie, d'avoir tout à la fois les differens plaifirs de toutes les faifons de l'année, & de tous les âges de l'homme, & que notre vieilleffe reffemble au printemps de notre vie. *Vino pretiofo , & unguentis nos impleamus : non prætereat nos flos temporis.* Il ne faut pas tant de plaifirs pour étouffer la foy, une petite partie de ces excés fuffit : c'eft pourquoi ces impies ajoûtent au mefme endroit trois cho-fes , qui font comme les fuites funeftes de leurs déreglemens voluptueux. Premierement, qu'ils ne veulent point croire tout ce qu'on dit de l'autre monde, de ces terribles jugemens de Dieu fur les pecheurs , de ces flames éternelles , non plus que de ces recompenfes des gens de bien , de cette gloire des Saints, parce que perfonne , difent ils , n'eft encore revenu de cette autre vie dont on parle tant, pour en dire des nouvelles certaines : *non eft refrigerium in fine hominis , & non eft qui agnitus fit reverfus ab inferis.* En fecond lieu,

ils ajoûtent que l'ame de l'homme loin d'eſtre immor-
telle, s'éteindra comme un flambeau au moment de
la mort : *Quâ extinctâ cinis erit corpus noſtrum, & ſpiritus
diffundetur tanquam mollis aer.* Enfin plutoſt que de ſe pri-
ver de leurs plaiſirs, ils veulent attendre à croire les choſes dont on les menace quand ils les verront, ne
craignant point de s'expoſer à tous ces terribles éve-
nemens qu'on leur prédit, & à ſçavoir par experience
ſi la derniere fin du juſte ſera differente de celle du
pecheur, & s'il y aura un autre avenir pour l'innocent
que pour le coupable : *videamus ergo ſi ſermones illius veri
ſint, & tentemus quæ ventura ſunt, & ſciemus quæ erunt
noviſſima illius.* Il eſt donc vray que l'orgueil & la ſen-
ſualité renverſent l'édifice de la foy, & éteignent le
flambeau de la verité dans le cœur de l'homme, & qu'il
faut eſtre humble & penitent pour eſtre fidele, comme
nous l'allons voir repreſenté dans l'Evangile de ce jour.

PREMIERE CONSIDERATION.

Premierement, il eſt bon d'obſerver que le texte
ſacré ne dit point qu'on preſenta *un homme* à Jeſus-
Chriſt, mais ſimplement un Sourd & Muet : *Surdum
& mutum.* Or chaque parole de l'Ecriture eſtant my-
ſterieuſe, & tenant du caractere de cette ſageſſe éternelle qui taît, ou qui profere tout avec raiſon, la
ſuppreſſion du terme d'homme en ce lieu, nous apprend quelque choſe dans un impie qui demande d'être
approfondi.

En effet, un athée eſt-il un homme ? merite-t-il de
porter cette qualité ? l'inſenſé a dit dans ſon cœur

qu'il n'y a point de Dieu , mais c'est un infensé : *dixit infipiens in corde fuo, non eft Deus.* Il le dit , mais il ne le croit pas : il le dit dans fon cœur , mais fon cœur le dément : fa volonté le dit , mais fon efprit y repugne : fa bouche le dit, mais fa raifon s'y oppofe : fon inftinct le contredit, la nature y refifte & plaide pour fon auteur : il le dit au dedans de luy-mefme , mais il n'ofe le proferer au dehors, de peur de s'attirer l'execration de tout le genre humain, qui malgré fa dépravation n'oublie point fon Dieu. *Hoc nemo audet dicere , etiam fi aufus fuerit cogitare* , dit faint Auguftin. D'ailleurs eft-ce avoir de la raifon de foûtenir qu'il n'y a point de premier principe , & d'avoüer par confequent que le monde s'eft fait luy-mefme; qu'il s'eft tiré du neant par fes propres forces ; & qu'ainfi le monde a efté avant d'eftre. N'eft-ce pas fe contredire groffierement, n'eft-ce pas faire un Createur de la creature , & fous un autre nom, admettre ce qu'on nie ? quoy, dit faint Chryfoftome, cette harmonie des Cieux , cette courfe brillante des aftres , cette guerre & cette concorde mutuelle des elemens , cette fucceffion invariable des faifons , cette revolution perpetuelle des jours & des nuits, cette admirable varieté d'animaux , d'arbres & de plantes qui ornent la terre, ces efpeces qui ne fe confondent jamais, cette magnificence & cette proportion des parties de ce grand univers, toutes ces chofes fi excellentes & fi accomplies ne font qu'un pur effet du hazard ? aucune puiffance ne les a produites, aucune fageffe ne les a arrangées, aucune providence ne les gouverne ? Quoy cette vafte machine qui tourne, & ces globes lumineux qui font leur cours avec tant de majefté ,

de juſteſſe, de rapidité, de raiſon meſme, pour s'ex-
primer avec le Pſalmiſte : *qui fecit Cælos in intellectu,*
& qui neanmoins ne ſont animez par aucun principe
de vie qu'ils ayent en eux, n'auront aucun ſecret
moteur ni moderateur de leurs mouvemens, ſi uni-
formes & ſi reglez ? ils n'auront beſoin d'aucune intelligence ſuperieure qui les preſerve de la confuſion ;
qui les ſoûtienne dans leur eſtre contre la pente que
toutes les creatures ont au neant ; qui par ſon influence,
par ſa vertu, par ſon infatigable vivacité, comme par
une creation continuelle & réïterée, empêche la ruine
ou le deſordre de tout ce grand compoſé ? *Quo pacto*
enim rationi congruum fuerit, dic, oro, quod tanta elementa,
& tantus ornatus, abſque creatore, & moderatore & con-
ſervatore ſint ? Un homme ſeroit-il ſage s'il oſoit ſoû-
tenir qu'un vaiſſeau avec ſes voiles, ſes cordages, &
tous ſes ornemens ſe ſeroit fabriqué luy-meſme, ſe
remuëroit luy-meſme, ſe conduiroit luy-meſme au
milieu des flots de l'ocean ? *Navis poteritne per ſe fieri,*
aut abſque gubernatore mare tranſire ? qu'un palais magni-
fique n'auroit point eu d'autre architecte que le concours fortuit de quelques atomes ? *aut domûs extrui,*
niſi ſit qui ædificet : qu'un tableau répreſentant le globe
terreſtre, avec les animaux, les arbres & les plantes
qui le parent, ſe ſeroit fait ſans qu'aucun Peintre s'en
fût mêlé ? ſans qu'aucune main y eût travaillé ? ce que
vous n'oſeriez dire de la copie qui n'eſt rien qu'une le-
gere image, comment oſez vous le dire de l'original &
de la réalité ? comment oſez-vous l'attribuer au hazard ? *enim verò non deſunt qui fortuitò res omnes factas eſſe*
aſſerant : at quid miſerius, & inſipientius ? dit ſaint Am-

P p ij

broife. Car enfin ou le monde s'eft fait luy-mefme, ou
un autre l'a fait : or il eft impoffible qu'une chofe, fur
tout inanimée, fe faffe elle-mefme, qu'elle fe crée
elle-mefme, qu'elle fe donne l'eftre à elle mefme,
qu'elle forte du neant par elle-mefme. Car elle préexi-
fteroit à elle-mefme, elle feroit, & ne feroit pas tout
à la fois, & dire cela non feulement d'une chofe en
particulier, mais d'une multitude innombrable de chofes, & qui font tellement parfaites prifes feparément,
qu'on voit bien qu'elles fe rapportent l'une à l'autre
pour eftre les parties & ne compofer qu'un feul tout :
preuve convainquante qu'elles ont efté formées, non
fortuitement, mais par un deffein prémedité, con-
certé, & executé par une intelligence infinenfe en
étenduë, en force, en penetration : dire encore une
fois que toutes ces chofes fe font faites elles-mefmes,
qu'une matiere inanimée, qu'un concours d'atomes
chimeriques les ait produites : n'eft-ce pas combattre
les plus pures lumieres du fens commun ? eft-ce eftre
raifonnable ? enfin n'eft-ce pas fe jetter dans un labi-
rinthe de difficultez plus incomprehenfibles que ne le
font les veritez que la foy propofe avec tant de fim-
plicité ? n'eft-ce pas vouloir croire le plus, pour ne
vouloir pas croire le moins ? n'eft-ce pas retomber
dans le mefme embarras de fçavoir fi cette matiere,
fi ces atomes font fortis du neant par eux-mefmes,
ou fi quelqu'autre caufe leur a donné l'eftre, ce qui
feroit, non un raifonnement fenfé, mais un cercle vi-
cieux qui iroit à l'infini : en un mot n'eft-ce pas eftre
aveugle, non feulement d'efprit, mais auffi de corps ?
car vôtre œil même ne voit-il pas ces Cieux élevez

& lumineux qui publient hautement la gloire de l'ouvrier qui les a formez ? ce firmament qui étale la puissance & la sagesse de celui dont il est l'ouvrage ? *Cœli enarrant gloriam Dei, & opera manuum ejus annuntiat firmamentum.* Pouvez-vous les voir, & ne pas voir en eux ce souverain Ouvrier qui tout invisible & tout inaccessible qu'il soit en luy-mesme, a voulu par la beauté, la varieté, la grandeur, l'arrangement de ses ouvrages, comme descendre à vous, se manifester à vous, & par eux vous élever à sa connoissance, ou plûtôt en renouveller les traits qu'il a gravez ineffaçablement dans votre ame en la créant, & qu'il veut combler d'admiration, d'amour & de joye, en luy manifestant ses ouvrages : *quia delectasti me Domine, in factura tua, & in operibus manuum tuarum exultabo.* N'est-ce pas la doctrine que l'Apôtre proposoit aux Gentils : *à magnitudine enim speciei & creaturæ cognoscibiliter poterit creator horum videri,* dit le Sage.

Que les incredules ne cherchent donc plus de prétexte à leur opiniatreté, s'écrie saint Chrysostome : *Ita ne verò non exaudistis cœlum, vocem ab aspectu emittentem? non exaudistis compositam rerum omnium harmoniam tubâ illustrius clamantem ? noctis ac diei leges non perspicitis perpetuò statas, atque immobiles ? hyemis, veris, cæterorumque anni temporum compositum ordinem, firmum & immotum ? maris clementiam, idque in tanta fluctuum conturbatione ? denique omnia ordinem servantia, eademque tum à pulchritudine, tum à magnitudine, ipsum opificem veluti præconio annuntiantia ? hæc enim omnia, & his etiam plura contrahens Paulus, dixit : Invisibilia ipsius à creatura mundi, per ea quæ facta sunt intellecta conspiciuntur.* De plus, n'est ce pas

eftre non-feulement aveugle , mais encore fourd &
muet comme le malade de notre Evangile , *adducunt
ei furdum & mutum* : & eftre ainfi également privé
de la lumiere de la foy , de la raifon , & des fens,
que de nier l'exiftence de ce premier Eftre ? Que ne
parlez-vous aux creatures que vous voyez , ainfi que
faifoit faint Auguftin , & que ne leur demandez-
vous qui les a faites ? interrogez-les , & toutes muettes
qu'elles paroiffent , elles vous répondront : *Interrogavi
terram . . . . & dixi omnibus quæ circunftant . . , & excla-
maverunt voce magna, ipfe fecit nos* : Ce n'eft pas nous
qui nous fommes faites nous-mefmes, s'écrieront-elles:
C'eft le Créateur dont nous fommes l'ouvrage , *non
ego me feci , fed Deus.* Comment euffions-nous pû être
avant que d'être ? *non ergo eramus antequam effemus, ut
fieri poffemus à nobis.* Leur grandeur, leur beauté, leur
ordre, leur rapport, leur varieté, leur multitude
forment leur langage & leur réponfe, leurs perfections bien confiderées élevent notre efprit à la con-
fideration de leur Auteur, *refponfio eorum fpecies eorum ,*
continuë faint Auguftin.

Mais il ne faut pas s'étonner fi l'impie eft fourd à
ces voix éclatantes : femblable au ferpent lequel dans fa
taniere obfcure, pour ne pas entendre certains vers
magiques qui le contraindroient malgré luy de fortir
de cette demeure fombre, & de venir à la lumiere,
bouche une oreille avec de la terre , & l'autre avec
l'extremité de fa queuë, *ficut afpidis furdæ obturantis aures fuas* : Il ferme les avenuës de fon cœur, d'un côté par fes attachemens au monde, & de l'autre par
fes longues habitudes à rejetter les veritez de la foy,

& pour ne pas entendre le langage de toute la nature qui publie d'une maniere fi douce, fi forte & fi melodieufe, les grandeurs de celuy qui l'a faite, qu'il en feroit enchanté, & qu'il fortiroit des tenebres de fes erreurs, s'il ne vouloit pas eftre fourd à fa voix : *ita ergo & data eft quædam fimilitudo de marfo incantatore, qui incantat ut educat afpidem de tenebrofa caverna, illa autem amando tenebras fuas, & exire recufans, allidit unam aurem terræ, & de cauda obturat alteram ; huic fimiles dixit Spiritus Dei quofdam non audientes vocem Dei . . . quia aures patentes in corde non habent.* Telle eft l'interpretation de faint Auguftin fur ce verfet du Pfalmifte : *Furor illis fecundùm fimilitudinem ferpentis, ficut afpidis furdæ, & obturantis aures fuas : quæ non exaudiet vocem incantantium, & venefici incantantis fapienter.*

Une autre raifon de la furdité fpirituelle de l'impie, pour ne pas entendre la verité, vient de ce qu'il a toûjours l'oreille ouverte au menfonge. Cela nous eft fignifié par le lieu où l'on prefenta le Sourd & Muet d'aujourd'huy à Jefus-Chrift, ce fut fur les confins de Tyr & de Sidon, dans le territoire de Decapolis, au milieu de cette partie de la Galilée, qui eftoit toute infectée d'idolatrie, & qu'on appelloit par cette raifon *Galilæa Gentium* : c'eftoit-là où le Sauveur refufa d'abord de guérir la fille de la Cananée, difant qu'il ne falloit pas prendre le pain des enfans pour le jetter aux chiens, c'eft-à-dire, ôter les moyens de falut deftinez aux Juifs, pour le donner aux infideles : & **Jofeph** affure que cette region eftoit toute remplie de Payens : *exiens de finibus Tyri venit per Sidonem ad mare Galilææ inter medios fines Decapoleos.* Cette circonftance nous apprend que la compagnie des impies eſt une cauſe tres-ordinaire de la corruption de la foy dans ceux qui les frequentent : leurs diſcours & leurs exemples, leurs Livres & leurs entretiens répandent un poiſon, dont il eſt tres-difficile de ſe défendre : *corrumpunt enim mores bonos, eloquia prava* : Vous eſtes ſans ceſſe en commerce avec des incredules, & des libertins, qui tournent toute la Religion en dériſion, qui ſe moquent des choſes ſaintes, qui dogmatiſent contre les veritez les plus conſtantes : leur rang, leur dignité, leur autorité, leur habileté même vous impoſe : & leur ſocieté vous pervertit : *cum perverſo perverteris :* vous vous mêlez avec eux, vous devenez ſemblable à eux : & comme les anciens Iſraëlites, vous idolatrez avec les idolatres, *commixti ſunt inter gentes, & didicerunt opera eorum.* Vous chaſſez peu à peu la foy de votre cœur, & en la place de cette chaſte épouſe, vous introduiſez une proſtituée qui vous détournera infailliblement du culte du vray Dieu, comme le Seigneur le prédiſoit à ſon peuple, *certiſſimè enim avertent corda veſtra.* Vous n'obéiſſez point à ce commandement de Moïſe, retirez-vous du Tabernacle des impies, & ſeparez-vous de leur compagnie, de peur que vous ne periſſiez avec eux : *recedite à Tabernaculis hominum impiorum.* Vous abandonnez ainſi inſenſiblement le Dieu qui vous a fait, & vous oubliez le Seigneur qui vous a créé : *Deum qui te genuit dereliquiſti, & oblitus es Dei creatoris tui.* Aprés cela faut-il s'étonner ſi un ſemblable ſourd eſt muet, *adducunt ei Surdum & Mutum :* s'il ſe taît ſur les loüanges du Créateur, & s'il ne parle que des beautez de la creature : il eſt ſourd pour ne pas entendre les paroles

de

de vie, *fides ex auditu*, il eſt muet, pour ne pas proferer les paroles de ſalut : *corde creditur ad juſtitiam , ore
autem fit confeſſio ad ſalutem.* Comme il n'offre d'encens
qu'à la fortune, & qu'il ne reconnoît pour ſes Dieux
que la grandeur humaine, que l'or & l'argent, *ſimu-
lacra gentium argentum & aurum,* que les plaiſirs , les
honneurs & les richeſſes, ces trois idoles que le monde adore , & que ces fauſſes Divinitez ont des yeux
& ne voyent pas, ont des oreilles & n'entendent pas ,
ont une bouche & ne parlent pas : il devient ſemblable à ce qu'il aime ; & il encourt la malediction atta-
chée à ſon crime, *ſimiles illis fiant qui faciunt ea, & omnes qui confidunt in eis.*

Ces prétendus beaux eſprits , au lieu de s'elever par
la conſideration des perfections viſibles de la creature,
à la connoiſſance des perfections inviſibles du Createur, s'arrêtent aux effets & les eſtiment plus que la
cauſe : *Ils ſont aveugles,* puis qu'ils ne voyent pas que
celuy qui communique tant d'éclat & de beauté à ſes
ouvrages, en a encore infiniment davantage en luy-
même, puis qu'il en eſt l'unique ſource : *Ils ſont ingrats,*
puis qu'ils refuſent de reconnoître leur Createur duquel ils tiennent leur être & leur vie, & que nul d'eux
ne veut proferer ces paroles du Prophete. *Venite
adoremus & procidamus ante Deum qui fecit nos. Ils ſont in-
juſtes,* parce que dans le fonds ne pouvant ignorer qu'il
y a un Dieu, impreſſion qu'ils portent ineffaçablement
gravée dans le cœur , ils détiennent cette verité captive
ſans oſer la profeſſer : *Ils ſont inexcuſables,* parce que
Dieu même , dit l'Apôtre, ſe manifeſtant à eux , &
ſe faiſant ſentir à eux en une infinité de manieres, leur

Q q

iniquité demeure muette. *Quia quod notum est Dei ma-*
nifestum est in illis, Deus enim illis manifestavit; invisibilia
enim ipsius à creatura mundi, per ea quæ facta sunt, intellecta
conspiciuntur: sempiterna quoque ejus virtus, & Divinitas,
ita ut sint inexcusabiles, quia cùm cognovissent Deum, non si-
cut Deum glorificaverunt, aut gratias egerunt: car de quel
prétexte peuvent-ils se servir, puis qu'ayant découvert
ce qui se peut découvrir de Dieu, Dieu même le leur
ayant manifesté, cependant ils s'obstinent à ne-pas
vouloir ouvrir les yeux, & à ne pas l'honorer comme
ils doivent : en effet, ainsi qu'ajoûte l'Apôtre : Ce qu'il
y a d'invisible en Dieu, est devenu visible depuis la
création du monde, par la connoissance que ses
créatures nous en donnent, sa puissance même éternelle, & sa divinité reluisent si vivement dans ses ouvrages, que ces incredules volontaires sont sans ex-
cuse, parce qu'ayant ainsi connu Dieu, ils ne l'ont
point glorifié comme Dieu, ils ne luy ont point
rendu graces, ni de l'être qu'ils en avoient reçûs, ni
de la connoissance qu'il leur avoit communiquée de
son existence : de là vient qu'ils se sont égarez dans
leurs vains raisonnemens, & que leur cœur insensé
a esté rempli de tenebres, Dieu retirant enfin la lumiere dont il les avoit éclairez, parce qu'ils en avoient
fait un tres-mauvais usage, *sed evanuerunt in cogitationi-*
bus suis, & obscuratum est insipiens cor eorum : dicentes
enim se esse sapientes, stulti facti sunt. Ah ! comment est-
ce qu'ayant poussé leur raisonnement & leur curiosité
jusqu'à vouloir penetrer les secrets de la nature, les
mouvemens des Cieux, le flux & le reflux des mers,
ils n'ont eu aucun desir de connoître l'Auteur de tant

de merveilles que l'univers leur prefente? comment eft-ce qu'ils n'ont pas compris le langage de toute la nature, & qu'ils n'ont pas entendu fa voix plus haute que le fon de la plus éclatante trompette, *tuba illuftriùs clamantem*, dit S. Chrifoftome : *Si enim tantum potuerunt fcire ut poffent æftimare feculum, quomodo non hujus Dominum non faciliùs invenerunt?* continuë le Sage, ils ne fe font occupez qu'à de vaines connoiffances, & ont méprifé la vraye fcience des chofes de Dieu, qui devoit eftre l'unique objet de leurs meditations & de leurs études : ils n'ont point porté leur ambition à la conquefte de ces riches couronnes que Dieu a préparées pour la recompenfe du jufte, & ils n'ont point compris quelle fera la grandeur & l'éclat de cette gloire, qui doit eftre le prix de la fainteté : *nec judicaverunt honorem animarum fanctarum.* Livrez à leur fens réprouvé, ils font confifter leur orgueilleufe philofophie dans un long ufage des chofes du monde qui perit, & non dans l'application aux biens de l'éternité qui demeure : toutes leurs années s'écoulent fans qu'ils penfent à autre chofe qu'à ce qui s'écoule avec leurs années, & jamais à ce qui demeure aprés leurs années : femblables à ces infortunez avortons qui meurent au fein de leur mere fans avoir eu l'ufage de la raifon, ils meurent dans le fein de l'ignorance fans s'être jamais utilement fervi de la leur : ces pauvres enfans fortent de cette vie fans avoir rien connu ni experimenté de ce qui s'y paffe, & les impies quittent la leur fans jamais connoître ni experimenter les chofes de Dieu que quand tout eft paffé ; ils n'ont que de l'averfion & du dédain pour la vie du jufte,

Q q ij

parce qu'elle les condamne, & voyant que les dehors de sa fin sont semblables à ceux de la leur & que sa vertu qui le prive des plaisirs défendus de la vie presente, ne peut l'exemter de la necessité commune de mourir, ils se moquent de son esperance aux biens futurs qu'il attend, & ils leur préferent la jouïssance des biens presens qu'ils tiennent : mais le jour viendra que le Seigneur à son tour se moquera de ces insensez, dit encore le Sage, & leur fera bien sentir qu'il perd le pecheur en se moquant, au lieu que le pecheur en se moquant du juste, ne fait qu'augmenter sa gloire : *videbunt finem sapientis & contemnent eum, illos autem Dominus irridebit.* Lors que le temps de cette grande revolution sera arrivé, ils periront sans ressource, sous le poids de la colere du Tout-puissant qui les accablera : ces superbes criminels tomberont dans un opprobre éternel, & leur memoire sera pour jamais éteinte : Heureux celuy que Dieu preserve de cette corruption presque generale, & qu'il retire de ce séjour d'iniquité, & de la compagnie de tant de coupables dont le monde est presque tout composé : tel est le langage de l'Ecriture.

SECONDE CONSIDERATION.

Que si nous réflechissons à present sur la maniere dont ce Sourd & Muet aborda Jesus-Christ, nous y découvrirons encore un nouveau caractère, particulier, & propre à l'impieté, qui ne confirmera pas peu ce qu'on a dit, que ce Malade estoit une figure d'un homme qui a perdu la foy.

Car en premier lieu, ce ne fut pas luy qui vint trouver de son propre mouvement le Sauveur, ni qui luy demanda la guerison de son infirmité. Comment l'auroit-il fait ? il n'avoit jamais entendu les paroles de vie qui fortoient de la bouche de ce divin Docteur : il n'avoit jamais appris les guerifons miraculeufes qu'operoit ce celefte Medecin, le bruit de tant de miracles n'avoit jamais frapé ses oreilles. Il eftoit fourd, il n'avoit prié qui que ce foit de le mener à Jefus-Chrift, il eftoit muet. N'eft-ce pas l'image d'un incredule ? il a l'oreille fermée à la verité : il ne croit pas ce qu'on luy dit, il ne l'écoute pas même, il eft fourd, il a la langue liée par l'efprit du menfonge : il n'efpere pas recevoir l'éclairciffement de fes doutes, du portique de Salomon, il ne confulte les Docteurs de la Loy que pour les contredire, leurs raifons ne le frapent pas, il dédaigne de les interoger, & il ne leur demande rien, il eft muet : *adducunt ei Surdum & Mutum.*

Il n'en eftoit pas ainfi des autres malades : la Cananée apprenant que le Sauveur approchoit de fa maifon courut au devant de luy, pour en obtenir la délivrance de fa fille : *ut audivit egreffa, exiit obviam ipfi : Fili David, miferere mei, filia mea malè à dæmonio vexatur.* Le Lepreux fçachant que Jefus Chrift defcendoit de la montagne où il avoit enfeigné les Beatitudes, s'avança vers luy pour le prier de le guerir : *& ecce Leprofus veniens adorabat eum dicens : Domine, fi vis, potes me mundare.* La Samaritaine preffée par la foif, vint puifer auprés du Sauveur, cette eau réjailliffante en la vie éternelle : *venit mulier de Samaria haurire aquam.* Un celebre Docteur de la Loy l'alla trouver de nuit,

comme celuy qui feul pouvoit l'éclairer fur fes doutes : *Nicodemus venit ad Jefum.* Mais icy rien de femblable : l'impie ne cherche point d'inftruction, il eft
Sourd : il ne demande point de guerifon : Il eft Muet :
il ne vient point à Jefus - Chrift, car venir à luy,
c'eft croire en luy : *credere enim oportet accedentem ad*
Deum. On le conduit, *adducunt*, mais il ne fçait où on
le mene, ce ne font ni les raifonnemens, ni les me-
naces, ni les promeffes, ni les reproches, qui attirent ou qui perfuadent l'impie reprefenté par ce Malade : toutes ces chofes ne l'obligent point à s'appro-
cher de Jefus-Chrift : ce font des amis officieux, ou
des parens charitables, qui fçachant que le Fils de
Dieu rendoit la fanté à toute forte d'infirmes, luy
amenerent celuy-cy : *adducunt ei Surdum & Mutum.*

N'eft-ce pas ce qu'on void tous les jours arriver
dans l'Eglife ? une mere pieufe, une époufe craignant
Dieu, un pere fage & religieux, viennent trouver
un Preftre, un Prédicateur éclairé, un homme de
de bien, & luy difent : Secourez-nous, Miniftre du
Seigneur : nous avons un fils, un mari, un frere qui
eft un impie, un incredule, un athée, qui n'a ni foy
ni loy, il ne lit que de méchans Livres, il ne fre-
quente que des libertins, il ne profere que des maxi-
mes empoifonnées : nous ne pouvons plus le fouffrir,
ayez la charité de luy parler, & de le remettre dans
le bon chemin, il a perdu la foy, il ne croit rien, il
dogmatife contre les veritez de la Religion : il dit que
depuis qu'il a renoncé à fa croyance il eft en paix,
il ne veut rien écouter, il ne veut rien répondre :
nous avons confiance en vous, nous vous l'avons

amené , recevez-le avec bonté , & ne vous rebutez point de fon opiniâtreté. Le Seigneur l'a abandonné , parce qu'il a abandonné le Seigneur , mais enfin le Seigneur eft tout-puiffant & tout mifericordieux : *ad-ducunt ei Surdum & Mutum.*

C'eft ainfi qu'en ufa fainte Monique , car ne pouvant plus fupporter les blafphêmes de fon fils devenu heretique & fourd fpirituellement, comme il le dit luy-mefme , *obfurdueram ftridore catenæ meæ ferreæ* , & l'ayant à caufe de fon infidelité , exclus de fa table malgré cette tendre & ardente amitié qu'elle avoit pour ce cher fils , *habere fecum eandem menfam in domo nolle cæperat , averfans & deteftans blafphemias meas.* Elle fe refolut d'aller trouver un fçavant Evêque nourri dans-le fein de l'Eglife Catholique, & plein de doctrine & de vertu , & elle le conjura avec inftance d'entrer en conference avec fon fils , afin de le détromper de fes erreurs : *ut dignaretur mecum colloqui , & refellere errores meos :* Mais ce Prélat prudent & experimenté refufa de le faire , difant que fon fils n'eftoit pas encore capable d'entendre raifon , ni de profiter de fes avis : la Sainte infiftant toûjours & le preffant de luy parler, *cùm que illa nollet acquiefcere , fed inftaret magis deprecando ;* & accompagnant fa priere d'une abondance de larmes , *ubertim flendo.* Enfin ce bon Evêque tout fatigué de fes inftances réïterées , & touché de fon affliction luy dit : Allez, ne m'importunez pas davantage, continuez à vivre ainfi, il n'eft pas poffible qu'un fils de tant de larmes periffe : *vade à me , inquit , ita vivas , fieri non poteft , ut filius iftarum lacrymarum pereat.* Telle eft l'explication de cette parole :

& adducunt ei Surdum & Mutum : mais voici quelque
chofe de plus : Cet homme Sourd & Muet eft tout le genre humain, privé de l'ouïe de la foy, & de la profef-
fion de la verité : *Mutum & Surdum :* ceux qui le con-
duifent à Jefus-Chrift, *& adducunt eum ,* font les Apôtres & les Difciples du Sauveur , & la guerifon de
ce malade, eft la converfion du Gentil idolatre : ce
qui fans doute doit être une démonftration évidente
de la Divinité de Jefus-Chrift, à laquelle il faut que
l'impie fe rende, l'établiffement de la Religion Chrétienne, n'eftant pas une preuve moins éclatante de
l'exiftence & de la toute-puiffance de Dieu, que la pro-
duction de l'univers entier.

Allez, dit Jefus-Chrift à fes Apôtres, allez dans
tout le monde, & jufqu'aux extremitez de la terre
habitable, prêcher l'Evangile à toutes les nations qui
font fous le Ciel : *euntes ergo in mundum univerfum, præ-
dicate Evangelium omni creaturæ, & eritis mihi teftes ufque
ad ultimum terræ.* Quelle entreprife furprenante ! combien eft-elle au-deffus des forces humaines ?

Car qui font ceux qu'on envoye ? ce font douze
pauvres pefcheurs, fans fcience, fans eloquence, fans
richeffes, fans armes, fans autorité : pourquoy les
envoye-t-on ? pour extirper de l'efprit des hommes
une ancienne religion, foûtenuë par les loix, & par
l'autorité du plus puiffant & du plus cruel empire qui
fut jamais, qui regardoit fa religion comme la
baze & le fondement de toute fa grandeur, & à laquelle il croyoit que fa gloire & fa durée eftoit atta-
chée ; allez donc entreprendre ce grand ouvrage. Allez
détruire l'idolatrie répanduë par toute la terre, ren-

verfer

verfer les autels des divinitez jufques alors adorées ,
détruire leurs Temples, anéantir leur Sacerdoce, leurs
Sacrifices & leur culte, ôter de l'ame des peuples infiniment fuperftitieux, la confiance en des Dieux dont ils
attendent leur bonheur, à qui ils s'adreffent avec une
aveugle confiance pour en obtenir la poffeffion des
biens & la délivrance des maux : allez attaquer une
religion qui flatte les fens , les paffions, les convoitifes , & qui les juftifie : allez détromper les fages du
fiecle, convaincre les Philofophes arrogans, confon-
dre les Orateurs , convertir les Rois & les Empereurs ,
& faire de la Croix le plus précieux ornement de leur
diadême, & le plus illuftre étendart de leurs armées :
fans doute fi ces douze pefcheurs dénuez de tout fe-
cours humain viennent à bout d'un tel deffein, il faudra malgré qu'on en ait, convenir que le bras du tout-
puiffant eft avec eux.

Mais, allez encore prêcher une doctrine élevée au
deffus de la raifon, des dogmes inoüis, un Dieu en
trois perfonnes, une Vierge mere, un Dieu fait homme, humilié, crucifié, reffufcité, prémice de la re-
furrection generale du genre humain : allez publier
l'embrafement de l'univers, un regne à venir qui
n'aura pas de fin, un batême qui d'un efclave du
démon fait un enfant de Dieu : allez prêcher une
morale auftere à l'homme fenfuel, qu'il ait à mortifier
fa chair, à retrancher fes convoitifes, à s'abftenir des
plaifirs, à aimer la penitence, les larmes, les humi-
liations, à pardonner à fes ennemis, à faire du bien
à ceux qui luy font du mal, à donner fon bien aux
pauvres, à fuïr les honneurs, les dignitez, & les ri-

R r

cheſſes : perſuadez cela aux hommes orgueilleux, voluptueux, ambitieux, avares, vindicatifs, impies, & obligez-les à vous croire, à vous reſpecter, & à vous obéïr : faites deſcendre du trône les Rois & les Reines, & engagez-les à ſe renfermer dans des ſolitudes affreuſes, dans de triſtes Monaſteres, pour y vivre dans la priere, le jeûne, la chaſteté perpetuelle, & le ſacrifice de leur propre volonté : faites encore plus; obligez les hommes de tout âge, condition, & ſexe, de perdre leur bien, de donner leur vie, de ſubir des tourmens effroyables, les cachots, les foüets, les gehennes, les tortures, la mort la plus cruelle & la plus ignomineuſe, plûtôt que de renoncer à cette nouvelle doctrine que vous leur annoncerez.

Vous-mêmes, montrez-leur l'exemple par la pratique de ces heroïques vertus., pauvres, perſecutez, empriſonnez, flagellez, déchirez, mis en pieces, expoſez aux beſtes feroces, brûlez, écorchez vifs ; ſouffrez tous ces ſuplices avec joye, & actions de graces, ſcellez les Myſteres que vous prêchez par l'effuſion de votre ſang ; enſeignez une Theologie infiniment plus élevée & plus lumineuſe que toute la ſageſſe de ces anciens Philoſophes ſi renommez ; n'empruntez rien d'eux : au contraire, montrez que leur prétenduë ſageſſe n'eſtoit qu'une folie, & qu'encore que les dogmes que vous enſeignez aux hommes[a], les étonnent par leur grandeur, & les ſurprennent par leur nouveauté, ils ſont les ſeuls veritables. Etabliſſez parmi eux la pratique des plus difficiles vertus, le détachement des biens du monde, le renoncement à ſoy-même, la pauvreté volontaire, l'humilité, l'obéïſſance, la chafteté , la penitence : que ce foient des ufages communs dans la focieté que vous établirez : que vos fectateurs les pratiquent à l'envi , & qu'une éclatante fainteté en foit le caractere : & pour encourager les hommes à vous fuivre, ne leur promettez en cette vie que des croix , & ne leur faites efperer que des biens invifi-bles & futurs en l'autre.

Sans doute fi douze pefcheurs changent la face de l'univers avec une telle doctrine, s'ils attirent aprés eux les plus grands hommes qui furent jamais, les plus beaux efprits , les plus fçavans , & les plus éloquens ; fi les Empereurs & les Rois, les conque-rans & les foldats , les grands & les petits , courent en foule à leur école , s'ils fe foûmettent à leur joug, s'ils s'humilient devant eux , s'ils refpectent jufqu'à leurs cendres & à leurs tombeaux , fi leur nom devient venerable à toute la terre , & leur memoire en bene-diction dans tous les fiecles , fi les plus grands per-fonnages tiennent à un honneur incomparable d'eftre leurs fucceffeurs, & d'occuper les fieges qu'ils auront rempli pendant leur vie, fi leur focieté fubfifte aprés dix-fept cens ans , malgré un nombre infini de perfe-cutions, de fchifmes & d'herefies, fi l'on voit aprés des efpaces fi longs, le fiege du premier de ces pefcheurs occupé par une fucceffion non interrompuë, fe faire obéïr par toute la terre , fubfifter fans la force des armes , & étendre fa domination fpirituelle aux extremitez de l'univers, où il envoye par une miffion perpetuelle des ouvriers Evangeliques,continuer ce que les premiers ont commencé; prêcher l'Evangile à tant de nations differentes de mœurs , de langage , de loix;

R r ij

ſi dis-je, ces douze pauvres peſcheurs operent toutes ces merveilles, quel eſt l'eſprit opiniâtre & rebelle qui n'avoüera pas que le doigt du Seigneur eſt là, & que toutes ces choſes n'ont pû ſe faire ſans le ſecours de ſa ſageſſe & de ſa toute-puiſſance? s'ils amenent le genre humain ſourd & muet aux pieds de Jeſus-Chriſt pour y recevoir l'oüie de la foy, & l'uſage de la parole, par la profeſſion de la verité, *adducunt ei Surdum & Mutum* : il faudra que l'impie à ſon tour ſe taiſe, & qu'il devienne muet en une autre maniere.

Dominus Jeſus Chriſtus volens ſuperborum frangere cervices, non quæſivit per oratorem piſcatorem, ſed de piſcatore lucratus eſt oratorem, & Imperatorem, magnus Cyprianus orator, ſed prius Petrus piſcator, per quem poſtea crederet, non ſolùm orator, ſed & Imperator, dit ſaint Auguſtin.

Ecoutons ce que diſoient les ſaints Peres, & les Hiſtoriens les plus celebres, lors qu'ils voyoient de leurs yeux la chûte de l'idolatrie, & l'établiſſement glorieux du peuple nouveau, & qu'ébloüis de tant de prodiges, ils adoroient la main qui les operoit.

Euſebe. „ O merveille incroyable, s'écrient-ils! un Empe-
„ reur Romain prêcher l'Evangile à ſes ſoldats, leur
„ compoſer des prieres, & leur preſcrire les ceremo-
„ nies du culte qu'ils doivent rendre au Dieu, duquel
„ ſeul il leur ordonne d'attendre la victoire. On adore
„ Jeſus-Chriſt dans le Palais des Ceſars, on y explique
„ les Ecritures ſaintes, on y trouve par tout les Mi-
„ niſtres du Dieu vivant devenus les Gardes fideles
„ & les confidens du Prince : la Croix y brille de toutes
„ parts, elle eſt le ſeul étendart que l'on y revere; on

reconnoît en elle une vertu divine qui met en fuite «
les armées des idolâtres & des démons, qui se sou- «
met les nations barbares, & qui découvre l'erreur de «
l'ancienne superstition : des Eglises somptueuses s'éle- «
vent dans tous les endroits de la terre habitable, & les «
Temples des faux Dieux ébranlez jusques dans leurs «
fondemens tombent en ruine : la memoire des Tyrans «
Payens est abolie, & leur race jusqu'au moindre ré- «
jetton est extirpée ; toute la Palestine a changé de «
face, le sepulchre de Jesus-Christ est devenu le plus «
auguste sanctuaire de l'univers, & le Calvaire, l'ora- «
toire du monde le plus respecté. Tous les lieux que «
le Sauveur a honoré de quelques-uns de ses My- «
steres ou de ses actions, ont esté embellis par la ma- «
gnificence de l'Empereur : une nouvelle Jerusalem «
prédite par les Prophetes, naît du milieu des cendres «
de l'ancienne, dont les crimes ont attiré la ruine : «
les fables ingenieuses des faux Dieux, & tout ce que «
l'antiquité credule avoit adoré, n'est plus qu'un objet «
de mépris : on foule aux pieds ces statuës fameuses «
à qui l'on avoit dressé tant d'Autels & immolé tant «
de victimes ; & l'on déteste publiquement la fascina- «
tion dont le genre humain s'estoit laissé ensorceler : «
on annonce dans tous les climats que le Soleil éclaire, «
l'existence & l'unité du vray Dieu ; les nations qui «
habitent l'Orient & l'Occident, & celles qui sont si- «
tuées au Nord & au Midy, d'un commun concert ce- «
lebrent sa gloire : la Doctrine Chrétienne retentit dans «
toutes les Ecoles & les Chaires publiques, & personne «
à present n'ignore son Createur. Tant de merveilles «
ont esté le fruit du signe salutaire de la Croix, qui »

» par une vertu auſſi puiſſante que ſecrete, a renverſé
» de fond en comble l'empire du démon.

S. Jerôme,   Maintenant, les langues & les lettres de toutes ſor-
» tes de nations font retentir la Paſſion & la Reſurre-
» ction de Jeſus-Chriſt ; je ne parle pas des Hebreux, des
» Grecs, & des Latins, que le Seigneur ſe conſacra par
» le titre de ſa Croix. L'Indien, le Perſe, le Goth, &
» l'Egyptien, ſçavent la Theologie Chrétienne : l'hu-
» meur farouche des Habitans de Beſſora, & la multi-
» tude des peuples couverts de peaux, qui ſacrifioient
» autrefois les hommes aux furies de l'enfer, ont chan-
» gé leur rudeſſe intraitable aux doux accens des Can-
» tiques de la Croix, & Jeſus-Chriſt retentit par tout
» l'univers, eſtant dans la bouche de tout le monde.
» La Croix eſt devenuë l'étendart militaire des conquê-
» rans ; la figure de ce bois ſalutaire honore la pourpre
» des Rois, & leur diadême brillant de pierreries. L'E-
» gyptien Serapis par une merveille inoüie eſt devenu
» Chrétien : Marnas pleure à Gaza, & ſe voyant aban-
» donné, & ſon Temple condamné, il craint à tout mo-
» ment qu'on ne le renverſe : nous recevons tous les
» jours des troupes de Moines qui nous viennent des
» Indes, de la Perſe, & de l'Ethiopie ; l'Armenien a dépo-
» ſé ſon carquois & ſes fléches : les Huns apprennent
» le Pſeautier : les climats de la Scythie brûlent du zele
» d'une foy ardente. Les armées des Getes, dont la cou-
» leur blonde brille avec éclat, conduiſent avec elles des
» Egliſes portatives, & en forme de tentes qu'elles dreſ-
» ſent par tout ; & peut-eſtre nous diſputent-ils la vi-
» ctoire d'une ardeur égale à la nôtre, parce que la mê-
» me Religion leur donne une égale confiance. En un

mot, je ne croy pas qu'il y ait nation au monde qui
ignore Jesus-Christ : le Capitole avec ses dorures, est
tout noir de fumée : les Temples de Rome sont remplis
de toile d'araignées : la Gentilité au milieu de la Ville
est deserte, & les Dieux que les nations adoroient autrefois, sont abandonnez au haut des toits & des mazu-
res, & n'ont plus d'autre compagnie que celle des chats-
huants & des hiboux. Que sont devenus les Sages du
siecle, ces celebres Legislateurs, ces subtiles Philoso-
phes, ces éloquens Orateurs, ces beaux esprits de l'antiquité prophane ? ont-ils pû détromper un seul idolâtre ?
ont-ils osé prêcher l'unité d'un Dieu ? ils ont connu
Dieu par la lumiere de leur science, & ils ne l'ont ni
adoré, ni pû faire adorer : les Ecoles de ces prétendus
grands-Maîtres, sont devenus desertes, & malgré l'autorité des Souverains, tout le monde les a abandonnez
pour se soûmettre à la Doctrine de Jesus-Christ, seul
Docteur digne d'estre écouté. Douze pauvres pescheurs
avoir fait un tel changement en si peu de temps,
avoir fondé une Eglise qui se soutient depuis dix-sept
siecles, du sein de laquelle sont sortis un nombre infini de Saints, de Martyrs, de Docteurs, de Vierges,
reconnus tels de toute la terre ? Qui peut aprés cela
estre incredule ? qui peut estre Sourd & Muet ?

Que si à tant de motifs on y joint la multitude
infinie de miracles qui se font operez dans tous les
temps : miracles plus éclatans que le Soleil, & qui
sont attestez même par les Auteurs prophanes &
payens ennemis declarez du nom Chrétien, que dira
l'incredule ? les niera-il malgré le témoignage autenti-
que de tout l'univers qui le démentira ? veut-il s'élever

au deſſus de toute autorité , & détruire le fondement
de toute creance humaine & divine ?

Car enfin qu'a vû le monde pour faire un changement ſi inopiné , ſi grand & ſi durable ? des ſiecles
éclairez & ſçavans , un nombre infini de témoins ir-
reprochables ont vû ces prodiges , & ne les vouloir pas
croire avec eux , n'eſt-ce pas eſtre ſoy-même un grand
prodige , dit ſaint Auguſtin ? *Quiſquis adhuc prodigia
ut credat inquirit , magnum eſt ipſe prodigium qui mundo cre-
dente non credit.* Que ſi le monde s'eſt converti ſans avoir
vû aucun miracle, s'il a crû ſans avoir vû ; la converſion du monde operée par la prédication de douze
pauvres peſcheurs, n'eſt-elle pas elle-même le plus
grand des miracles ? Que peut-on dire à cela ? ſinon
que l'incredule ne refuſe de croire les miracles, qu'à
cauſe qu'il refuſe de pratiquer les vertus qu'impoſe
une religion autoriſée par des miracles : comment l'ac-
corder avec luy-meſme ? il nie l'exiſtence d'un Dieu
dans la proſperité, & il le blaſphême dans l'adverſité.
Mais le raiſonnement ſouffre de grandes difficultez,
au ſujet de la Religion, diſent-ils : ſans doute, car
comment l'eſprit humain, incapable de comprendre
les moindres ſecrets de la nature, n'en trouveroit-il
pas dans les myſteres d'une Religion toute ſurnatu-
relle & divine, telle que doit eſtre la veritable ? que
veut l'impie ? une autre Religion : mais en trouvera-t-il
qui à une partie de nos plus hauts Myſteres, n'ajoûte
des dogmes à luy-même incroyables & infiniment
abſurdes & ridicules ? veut-il s'en faire une nouvelle ?
mais ce projet luy paroît il aiſé ? n'en veut-il aucune ?
mais l'atheiſme n'eſt-il pas un abîme plus environné

de

de difficultez que la foy : ainſi l'incredule de quelque
côté qu'il ſe tourne , eſt confondu. Qu'il eſt injuſte
de decider ſouverainement de la choſe du monde la
plus importante , ſur des raiſons ſouvent ſi foibles ,
& ſi frivoles , qu'il rougiroit de juger ainſi , & avec ſi
peu d'examen le moindre Procés ! Qu'il eſt aveugle
de ne pas voir qu'il ne condamne la Religion qu'à
cauſe que la Religion le condamne !

TROISIE'ME CONSIDERATION.

Que ſi l'état d'un impie eſt déplorable , combien
ſa guériſon eſt-elle rare & difficile ! Voyons-le dans
les circonſtances marquées au ſujet de ce Sourd &
Muet, à qui Jeſus-Chriſt donna l'uſage de l'oüie & de
la parole.

Premierement, ceux qui le conduiſirent ſe mirent
à prier le Sauveur pour ce Muet : *& deprecabantur eum*,
ce qui nous apprend qu'il ne faut preſque point avoir
recours aux raiſonnemens ni aux diſputes, pour ramener un incredule : c'eſt un phrenetique hors de ſon
bon ſens qui ne vous écoutera pas : il faut le laiſſer là,
& s'aller proſterner devant le Seigneur avec ce pere
affligé de l'Evangile, & luy dire la larme à l'œil : Seigneur, voicy mon fils, qu'un eſprit malin a rendu
muet, je vous conjure de nous aider dans notre affliction, & d'avoir pitié de nous, *Domine , attuli filium
meum ad te , habentem ſpiritum mutum , ſi quid potes, adjuva
nos miſertus noſtri.* Il faut imiter ſainte Marthe & ſainte
Madeleine priant & pleurant pour leur frere Lazare,
il faut recourir aux ſuffrages des Fideles , aux ge-

S ſ

miſſemens des ames ſaintes , à l'oblation de l'Auteur de la foy.

2°. Il faut encore prier pour ce Muet ſpirituel, parce qu'il ne prie pas pour luy-même : comment invoqueroit-il celuy qu'il ne croit pas eſtre ? *Quomodo invocabunt in quem non crediderunt ?* & comment obtiendroit-il miſericorde, puiſqu'elle ne ſe donne qu'à celui qui la demande par la priere ? Beny ſoit le Seigneur, s'écrie le Prophete, qui n'a pas rejetté ma priere , & qui n'a pas retiré ſa miſericorde : *Benedictus Dominus, qui non amovit deprecationem meam , & miſericordiam ſuam à me.* Ne craignez pas , mon cher frere, dit ſaint Auguſtin ; la miſericorde du Seigneur deſcendra toujours ſur vous , tandis que votre priere montera toujours au Seigneur. *Cùm videris non à te amotam deprecationem tuam , ſecurus eſto , quia non eſt amota miſericordia ejus.*

3°. Ils prient Jeſus-Chriſt de luy impoſer ſa main adorable : *& deprecantur eum ut imponat illi manum :* La converſion d'un impie eſt l'ouvrage du Tout-puiſſant, *hæc mutatio dexteræ excelſi.* Pour former l'homme , il ne falut que la voix du Seigneur , pour le reformer il faut le bras du Tout-puiſſant : le neant de la nature obéït, le neant de la grace , ou le peché, eſt un neant auſſi , mais un neant armé & rebelle : *nihilum rebelle & armatum contra Deum,* dit un Pere, c'eſt un neant qui reſiſte ; le ſang precieux qui découla des mains de Jeſus-Chriſt attaché à la Croix a ſeul la vertu de luy commander, c'eſt une victoire reſervée aux mains de Jeſus-Chriſt, non armées d'un fer inhumain, mais tranſperçées d'un bois ſalutaire, *non ferro armata , ſed ligno tranſfixa,* dit ſaint Auguſtin.

4°. Les particularitez de cette guerifon ne marquent pas moins l'opiniâtreté de cette maladie , & la vertu extraordinaire des remedes qu'elle exige; car ce n'eft pas fans raifon que Jefus-Chrift pouvant rendre l'ufage de l'oüie & de la parole à ceSourd &Muet, d'un feu lmot ; il y obferve diverfes circonftances tres-utiles à notre inftruction , & à notre édification ; car premierement, le texte facré porte , que voulant guérir ce Malade, il le prit , *& apprehendens eum,* comme s'il l'eût faifi. Expreffion qui montre que pour ramener un impie , il faut prefque l'arracher avec une efpece de violence au monde & à luy-même : c'eft ainfi que les Anges prirent l'incredule Loth par la main , & l'entraînerent par force hors de Sodome ,de peur qu'il ne perît avec cette Ville malheureufe , laquelle il ne pouvoit croire devoir eftre abîmée : *apprehenderunt manum Loth , & eduxerunt eum , & pofuerunt extra Civitatem , dicentes : falva animam tuam , & egredere , ne & tu pereas in fcelere Civitatis.* Il n'en eftoit pas ainfi des autres infirmes que Jefus-Chrift guériffoit: il dit une parole , & le ferviteur du Centurion fut délivré de la fiévre : il toucha le Lépreux , & il fut purifié ; mais icy il prend ce Sourd & Muet , *apprehendens eum :* C'eft un ouvrier qui prend fon ouvrage pour le refaire ; il faut ici non une reparation , mais une nouvelle création , l'impie s'eft comme détruit en perdant la foy , laquelle eft le fonds de l'être furnaturel dans le fidele : il faut qu'il dife avec le Prophete : *Cor mundum crea in me Deus , & fpiritum rectum innova in vifceribus meis.* Le Prédicateur touche fon auditeur , quand par fes difcours il excite en luy quelques bons fentimens : mais le Createur touche fa

creature , quand par ſes mains il luy donne un eſtre
nouveau , ainſi que le Peintre & le Sculpteur qui re-
font leur tableau ou leur ſtatuë. Ces paroles expriment
auſſi la vocation d'un homme infidele à la foy , par
l'effet d'une prédilection & d'une préference à une infinité d'autres , *& apprehendens eum de turba* ; auſſi l'E-
gliſe eſt-elle tellement perſuadée de cette verité, qu'elle
employe dans le Batême les mêmes ceremonies que le
Fils de Dieu obſerva icy.

5°. Jeſus-Chriſt le tire du milieu du peuple, *&
apprehendens eum de turba ſeorſum* : ce qui nous inſinuë
que pour convertir un impie, il eſt neceſſaire de l'en-
lever de la compagnie des libertins & des complices
de ſon incredulité : qu'il ſorte donc du monde, du
moins pour un temps : qu'il cherche la retraite. Pha-
raon diſoit à Moïſe, pourquoy ne voulez vous-pas ſa-
crifier à votre Dieu parmy nous ? *ſacrificate Deo veſtro in
terra hac* : Moïſe répondoit, *Non poteſt ita fieri* , cela ne
ſe peut , les Egyptiens idolâtres nous en empêche-
roient ; il faut nous ſeparer d'eux , & nous retirer dans
la ſolitude : *viam trium dierum pergemus in ſolitudinem.*
Pour recueillir la manne & pour trouver l'Arche d'al-
liance , il faloit ſortir du camp , *extra caſtra* : il faloit
s'éloigner du tumulte & du bruit : fuyez, Arſene,
fuyez le monde, ſi vous voulez trouver le Createur du
monde : *fuge Arſeni , fuge ſæculum , tibi proſpice.* C'eſt le
refuge d'une ame fidelle à Dieu , ou qui cherche à
devenir fidelle : *& mulier fugit in ſolitudinem à facie
ſerpentis.*

6°. Jeſus-Chriſt mit ſes doigts dans les oreilles de
ce Sourd, *& miſit digitos ſuos in auriculas ejus :* ſes doigts

avec lesquels il a fait les plus merveilleux ouvrages
de la nature : *quoniam videbo Cælos tuos opera digitorum tuo-*
rum : ces doigts avec lesquels il a fait les plus excel-
lens ouvrages de la grace ; ayant écrit sa Loy dans le
cœur de l'homme, non avec de l'encre, dit saint
Paul, mais avec l'esprit du Dieu vivant, *non attramen-*
to, sed spiritu Dei vivi : non sur des tables de pierre,
mais sur des tables de chair, *non in tabulis lapideis, sed*
in tabulis cordis carnalibus : & que le Reparateur vient de
nouveau retracer dans le cœur de notre impie, en luy
rendant l'oüie de la foy : operation sainte qui demande
l'infusion de tous les dons du saint Esprit que l'impie
avoit reçû, & qu'il a perdu : tant cet ouvrage est
grand & difficile. *Quid enim per digitos Redemptoris, nisi*
dona Spiritus sancti designantur ? dit saint Gregoire, &
il met ses doigts dans les oreilles même de ce Sourd,
in auriculas ejus : figurant par là que l'impie a perdu non
seulement l'exercice de la foy, mais l'habitude & la
faculté même de la foy, ainsi que l'Aveugle né estoit
privé de l'organe de la vûe, & qu'il a besoin d'une re-
formation entiere, d'une seconde création.

7°. Le Sauveur toucha de sa salive la langue de ce
Muet, *& expuens tetigit linguam ejus.* La salive qui dé-
coule de la teste sur la langue, est le symbole de la
sagesse celeste, qui de Jesus-Christ notre divin Chef
a découlé sur tous les hommes muets jusques alors,
pour délier leur langue dessecheée par leur infidelité,
& leur faire proferer des paroles de vie.

Dans une vûë opposée la salive qui sort de la bouche,
est quelquefois prise dans l'Ecriture pour une marque
de folie, ainsi qu'observe saint Augustin, à l'occasion

du saint Roy David, qui par un myftere qui n'eft pas de
ce lieu contrefit l'infenfé devant un Roi ennemi du peuple de Dieu; *defluebantque faliva ejus in barbam: & ait Achis:
vidiſtis hominem infanum.* Pour nous apprendre cette haute
verité tant inculquée par l'Apôtre, que la fageffe des anciens Philofophes n'ayant rendu l'homme que plus infenfé, il avoit plû à Dieu de luy redonner la fageffe
par la folie de la Croix; *nam quia in Dei fapientia non
cognovit mundus per fapientiam Deum : placuit Deo per ftul-
titiam prædicationis falvos facere credentes.* Enfin cette ac-
tion du Sauveur peut encore fignifier que l'impie blaf-
phemateur qui ouvre fa bouche facrilege contre Dieu,
os inpiorum apertum eſt, merite plûtôt qu'on le repouffe
en crachant contre luy, qu'en raifonnant avec luy.
C'eft ainfi qu'en ufa un pieux Solitaire envers le démon qui luy apparut en forme humaine pour le trom-
per par de vains argumens : *at ego fputaculum maximum
in os ejus ingeminans , ipfum fugavi.*

8°. Enfin Jefus-Chrift leva les yeux au Ciel , il gémit, & il dit : *Ephetha*, c'eft-à-dire , *ouvrez-vous* , &
auffi-tôt les oreilles de cet homme furent ouvertes ,
& fa langue déliée , en forte qu'il parloit bien , *&
fufpiciens in Cælum ingemuit , & ait illi : Ephetha, quod eſt,
adaperire; & ſtatim apertæ funt aures ejus , & folutum eſt
vinculum linguæ ejus , & loquebatur rectè.* Rien icy qui ne
foit myfterieux : le Sauveur leve les yeux au Ciel , &
gémit de compaffion de ce que l'impie les en détour-
ne , de ce qu'il ne regarde que la terre , de ce qu'il
ne voit pas avec les yeux de la foy l'Ouvrier celefte
qui s'eft depeint dans fes magnifiques ouvrages; de ce
qu'il ne regarde que la creature , & jamais le Crea-

teur qui habite dans ces lieux hauts : de ce qu'il pré-
fere les biens periſſables des pecheurs, à la gloire éternelle des Saints ; de ce qu'il ne craint point les jugemens effroyables de Dieu ſur les impies : il gémit de
l'état deplorable où le peché a réduit l'homme ; de ſon
aveuglement, de ſon obſtination , de ſa miſere, de
ſon ignorance, des malheurs où il s'engage ; & il nous
apprend que l'impieté ne ſe guerit que par des gemiſ-
ſemens & des larmes, tant du côté de celuy qui veut
ramener l'impie à ſon Createur , que du côté de l'impie qui vous a abandonné, ô Seigneur, & qui ne vous
rechercheroit jamais ſi vous ne le recherchiez le premier, ô miſericordieux Createur. *Quia non ſicut ipſi de-*
ſeruerunt Creatorem ſuum , ita & tu deſeruiſti creaturam
tuam, dit ſaint Auguſtin.

Aouſt 1706.